PITTURA CON LE PAROLE - UNA RACCOLTA DI POESIE

Cathy McGough

Stratford Living Publishing

Indice

Grazie!

Cari lettori,

Grazie per aver scelto questa raccolta delle mie poesie. Ho scritto la mia prima poesia, "The Beginning", quando frequentavo il liceo. La poesia è sempre stata il mio primo amore.

Grazie anche ai miei genitori, a cui è dedicato questo libro, e a mia nonna, che era una poetessa a pieno titolo.

Grazie ai miei cari amici che hanno abbracciato le mie aspirazioni da nerd verboso.

E grazie a coloro che mi hanno aiutato a realizzare questo nuovo libro. Non ce l'avrei mai fatta senza di voi!

Come sempre, BUONA LETTURA!

Cathy

Dedica

Per mamma e papà

CASTELLI IN ARIA

Ti costruisco come una torre

E poi ti chiudo

Ci sono troppe finestre

È troppo lontano da terra.

Ti siedi sul tuo piedistallo

Respingendo ogni singola forza

Perché mi vedi come un'ombra

Del divorzio di tua madre.

E forse è meno dell'amore

E forse è più della maggior parte

Ma è qualcosa che sta diventando più forte.

Ti leggo come un libro

Le tue pagine si aprono

Senza uno sguardo o un'occhiata

Sembra che i nostri spiriti si confidino

E forse è meno dell'amore

E forse è più della maggior parte

Ma è qualcosa che sta diventando più profondo

Forse non è il tipo di amore

Che durerà per sempre

Ma preferisco avere una parte di amore

Piuttosto che assolutamente nulla.

QUESTO PER RIPORTARTI INDIETRO

Volti che entrano ed escono dalla mente

Ricordi di stelle che hanno brillato

Aperture e chiusure

Solitudini affollate

Chi sono queste persone?

Una bambina appare nel fiore della giovinezza

Premendo il viso contro la finestra

Si chiede quale sia la verità

La sua attenzione sembra vacillare

Quando guarda le caramelle che la circondano

E si chiede se siano gratuite.

Bambina, tua madre non ti ha detto

Che niente è gratis

Tutto ha un prezzo

Tutti hanno un prezzo da pagare.

Volti, sogni di tempi antichi

Tutto svanisce e si trasforma in nuove rime

Mentre seguiamo le orme

Dei nostri eroi defunti

Cercando volti

Che non esistono

LAVORO AL GIORNO

Recinto tetro

Imbottito

Pareti viola

Rinchiuso

Prigioniero.

Ho cercato di ottenere la libertà

Condizionale

Ma sono ricaduto

Prima di poter

Uscire da solo

In questo posto

Ci sono macchine

Che ti convincono

A lavorare

Come una macchina

E quando rifiuti

Ti distruggono

Tu crolli

"Ascolta tastiera

Senza di me

Non sei niente!

Niente, dico!

Ricordalo bene

Ok, allora. Ok."

Il mouse senza fili

Coglie

L'occasione

Per scappare

Salta e

Cade in

Una tazza

Extra extra grande

Di caffè.

Fumante

Sgorgando

URLANDO!

Piccolo fuoco

Ooops!

BLUE
-JAYS E
KOOKABURRA

Non importa se non conosco il nome di ogni fiore

Non importa se non conosco il nome di ogni uccello

Essere un nuovo arrivato in questa terra non mi scoraggia

Dal lodarla con le azioni e con le parole.

A volte mi sembra quasi di essere a casa

Vagando senza meta, senza legami con il passato

Altri giorni mi sembra che quest'isola sia la mia anima

E mi chiedo se questa infatuazione durerà.

Poi ci sono giorni in cui mi sento un traditore

Desiderando cose che non posso più ottenere

Poi uno sguardo alla bandiera della mia patria

Mi richiama ancora una volta.

Allora, che cosa succede quando si nasce in un posto

Si può mai lasciarlo completamente alle spalle?

O si può amare il nuovo e amare il vecchio

Nel proprio cuore, così come nella propria mente?

Presto le nuvole cotonose si apriranno per il mio uccello argentato

Il mio primo amore mi aspetta a braccia aperte

I trillium bianchi mi soffocheranno con i loro baci profumati

Mentre le ghiandaie blu e i kookaburra si scontrano.

TUTTO TRANNE L'AMORE

Mi hai regalato fiori

Mi hai regalato caramelle

Ma non era abbastanza.

Mi hai portato in macchina

In posti di lusso

Ma non era abbastanza.

Mi hai dato tutto

Quello che ti veniva in mente

Tutto tranne l'amore

Sì, tutto tranne l'amore.

Mi hai raccontato barzellette

Mi hai fatto ridere

Ma non era abbastanza.

Mi hai dato tempo

Mi hai dato spazio

Ma non era abbastanza.

Mi hai dato tutto

Quello che potevi pensare

Tutto tranne l'amore

Tutto tranne l'amore.

Quanto tempo ho aspettato un bacio tenero

Un segno, una proposta o un anello

Ma giorno dopo giorno, anno dopo anno

1 + 1 non ha portato a nulla.

Mi hai raccontato barzellette

Mi hai fatto ridere

Ma non era abbastanza.

Mi hai dato tempo

Mi hai dato spazio

Ma non era abbastanza.

Mi hai dato tutto

Quello che potevi pensare

Quando tutto quello che volevo era il tuo amore

Cara, tutto quello che volevo davvero era il tuo amore

PERSONIFICAZIONE

Giro intorno a te

Come una trottola

Senza controllo

Rimbalzando da una parete all'altra

Autodistruggendomi

Ma continuando ad andare avanti

Senza fermarmi a pensare

O a riprendere fiato

Le pareti cambiano posizione

Come scene di un filmato amatoriale

I colori si mescolano

Corrono selvaggi

Il soffitto vola sopra e sotto

E si fonde con il pavimento

Come un bambino con un caleidoscopio

Tu cambi la cornice

Godendoti la mia canzone

Finché non mi rilasso

E fuggo attraverso il soffitto

Verso una relazione più significativa.

LA BAMBOLA DI CARTA

La bambola di carta è impigliata nel vortice del vento

Svuotata di emozioni, volteggia e gira

Gira e gira, come una ballerina che fa piroette

Rivivendo i fallimenti e i rimpianti della vita.

Cercando freneticamente di sfuggire alla sua morsa

Nelle sue orecchie il vento sussurra stupro.

La bambola di carta viene fatta a pezzi

Un semplice ricordo di ciò che avrebbe potuto essere.

Non prova dolore perché è solo una bambina

Non prova nulla.

Ascolta il pianto dei bambini

Mentre si rigirano nel sonno.

Proteggili dai vortici della vita.

Correte, bambini, correte

Non ci sono più catene a legarvi.

Proteggili dai vortici della vita.

TU TI SVEGLI MENTRE IO DORMO

Ti svegli mentre io dormo

Prepara le valigie

Baciami sulla guancia

Mi sussurri dolcemente "addio"

Ti guardo andare via

Anche se non lo saprai mai

Perché nei tuoi occhi

Dormo serenamente

Voltando le spalle al tuo spazio vuoto

Lacrime, singhiozzi, autocommiserazione

Il sonno è benvenuto

Il mio spirito cerca il tuo

Giocano insieme a rincorrersi

Il nostro amore è come era un tempo

Io sono te. Tu sei me.

Il sole porta il mattino

Mi protendo verso il tuo spazio vuoto

Sono avvolta dal tuo abbraccio

L'amore ti ha riportato indietro oggi

L'amore ti ha riportato indietro per restare.

Ti svegli mentre io dormo

Prepara le valigie

Baciami sulla guancia

Sussurri dolcemente "addio"

Chiudo la porta a chiave. Fisso la catena.

Questa scena non si ripeterà ancora.

CIBO PER LA MUSA

Vieni da me, mia bella foglia

Cadrai nel mio abbraccio che ti aspetta

Bagnami con il tuo colore che scorre

Vola verso di me con grazia.

Foglia, ti chiamano senz'anima

Io dico che questo è sbagliato

Perché tu danzi in armonia

Mentre il vento suona la tua canzone.

Ora ti prendo tra le mie braccia e piango

Per il sanguinamento delle tue vene

Colore che scorre nel colore: bellezza

Questi sono i tuoi resti.

Croccante compagna chiacchierona

Solleciti le suole delle scarpe

Ispirazione autunnale:

Cibo per la musa.

CORTINA DI NEBBIA

Attraverso la fitta nebbia

Ho visto un paio di occhi di marmo

Che non riflettevano nulla, sibilavano

Rilassati nel loro travestimento

Le stelle cadevano come neve

Nella loro forte percezione

Affascinato dal loro bagliore

Ho camminato nella loro direzione.

Erano insensibili e vuoti

Trasmettendo il loro raggio silenzioso

Attraverso la nebbia infinita ho visto

La luce della luna aveva iniziato a sciogliersi

Ho alzato le braccia per afferrare la verità

È arrivato il giudizio, ho perso la mia giovinezza.

Tutte le mie emozioni sono state prosciugate

Al mattino rimanevano

Sotto il cielo limpido e grigio-blu

Due paia di occhi di marmo.

ULTIMO BALLO

Tenendo la tua foto tra le braccia

Ballando insieme sulla pista

Quasi come avrebbe potuto essere

Se solo tu mi avessi amato di più.

Abbastanza vicino da sentire il tuo battito cardiaco

Girando insieme in una nuvola immaginaria

Dipingendo il mondo con una brillante lucentezza

Sussurrando il tuo nome ad alta voce.

Ballando, anche se la musica è finita

Con le lacrime che mi scorrono sul viso

Perché ho visto cosa avrebbe potuto essere

E l'ho perso senza lasciare traccia.

POSSO
VOLARE

In piedi sul bordo

Venti ululanti

Maniche svolazzanti

Sempre pronta

Bisognosa

Volo solitario

Gonne ondeggianti

Piede sinistro indietro

Piede destro in avanti

In equilibrio

Guarda Angeli

Proprio lì

Capelli ramati fluttuanti

Labbra che assaporano

Il sale del mare

Assorbendo tutto

Dentro

Sapendo

Chi sono

Perché sono qui

Ali

Svolazzanti

Battono battono battono

So

Che devo

Librarmi in volo.

Perché

vivo sul

bordo

dell'immaginazione

Dove i piedi

non desiderano più

il suolo

Vedo

tutto

da una prospettiva

unica

Sono un poeta

Un autore

E

posso volare.

IN
SUPERFICIE

Specchio,

Mi rifletti con ridondanza

Scritta su tutto il mio corpo

È l'incertezza color carne.

Specchio,

ti prendi gioco della perfezione

con questo riflesso incontrollato

e il risultato è sempre lo stesso

nella tua cornice: io rimango immutato.

Scritto tra le righe

mascherato poeticamente

tratti ineludibili

scorrono inarmonici.

Specchio: io aderisco a ciò che vedo

perché io sono te, attraverso e attraverso

ma a volte, riflesso

vorrei assomigliarti.

PICCOLA COSINA GRAZIOSA

Piccola cosina graziosa

Siede decorosa

Salutando tutti coloro che entrano

Con estrema cordialità.

È la ragazza più carina

Che abbiano mai visto

Con i suoi riccioli dorati

E i suoi occhi verdi.

È una bambola di porcellana
Portata in vita
Un giorno renderà qualche uomo
Una moglie meravigliosa.

Piccola cosina graziosa
Sorride angelicamente
Cantando filastrocche
Per la compagnia dei suoi genitori

Parla solo
Quando le viene rivolta la parola
Non pensa mai -
Non ha motivo di farlo

È bella come un quadro
Farebbe vergognare la Gioconda
E questa bambina

Gioca al gioco delle buone maniere.

Piccola creatura

Non mette mai in discussione

La correttezza dei suoi genitori

Perché tutto ciò che è sempre stata

È stato un angelo

Sul loro albero di Natale.

CRUCI-FICTION

Il tuo corpo è legato

A forma di croce

Tu rimani lì appeso nella disperazione

Per tutta l'eternità.

Avrebbero voluto curare

Le tue mani e i tuoi piedi

Ma i chiodi erano arrugginiti

E le vaccinazioni antitetaniche

Non erano ancora state inventate.

Avrebbero voluto guarire

I tuoi fianchi

Ma quando si fermarono

Accanto a te e guardarono

Attraverso il buco aperto

La vista del mondo

Attraverso la tua anima

Era mozzafiato.

Avrebbero rimosso

La corona

Ma le macchie di sangue

Cadono dalla tua fronte

Formando figure

Come delicati

Petali di rosa.

Passando da una stazione all'altra

Stringo la presa

Sul rosario nero

Che si rompe

I grani rotolano ovunque:

Sotto i banchi

Nei corridoi.

Mi inginocchio

Mentre raccolgo ogni piccolo

Petalo di rosa nera

Poi li raccolgo

Nel mio cappello.

Fuori

Il vento li cattura

Sollevandoli

Verso il cielo

Corvi neri

Che volano fuori dalla mia portata

Lasciando cadere coperte

Sui senzatetto

I credenti

I non credenti

E me.

RESURREZIONE

Alla deriva nel vuoto

Diffondendosi come una voce

La foglia galleggia lungo il torrente

Presenza spettrale da un sogno.

La foglia schiacciata e spezzata

Si arena sulla riva

Ricoperta di zucchero dalla sabbia

Senza vita per sempre.

La foglia si secca e rinasce

CATHY MCGOUGH

Sollevata dal respiro di un angelo

Gabriele suona il suo corno

Foglia dopo la morte.

STuzzicare

Mi ha chiesto e io ho risposto "Non posso".

Mi ha chiesto e io ho risposto "Non devo".

Me lo chiede ogni giorno. Me lo chiede ogni notte.

Rimane lì sperando che un giorno io possa Potrei.

Sto temporeggiando e solo io so perché.

Non sto abusando del mio potere! Oh no, non io!

Perché odio ferire il mio ragazzo.

Non è facile vedere un uomo adulto piangere.

Eppure devo respingerlo.

Eppure devo vederlo accigliarsi.

Eppure ho fiducia che resterà.

(Credo che mi ami, tra l'altro).

Un giorno ne sarò sicura.

Un giorno sarà il momento giusto.

Gli aprirò il mio cuore

e l'oscurità si trasformerà in luce.

Spero che tutta questa segretezza

non rovinerà il nostro futuro. Vedi:

questo temporeggiare non è solo un caso

Lui è come Astaire e io non so ballare.

L'INIZIO

(LA PRIMA POESIA CHE HO SCRITTO)

Mi sono seduto

Sotto un manto di oscurità

C'era una nebbia

Che non voleva diradarsi.

L'amore

Era diventato freddo nel tuo cuore

Ma quando me lo hai detto

Ero troppo confuso

Per capire che stavi cercando di dirmi

La verità.

Ora

Tutto solo

Ai margini del bosco

Canto.

Il mio spirito si protende

Canto

Finché la voce riecheggia

E ricordo

Che questa era la "nostra canzone"

E la guarigione ha inizio.

PERCHÉ PROPRIO IO?

Il ritornello suona ripetutamente

Interrompendo l'armonia interiore

Mentre la fantasia con il suo fascino sfacciato

Spingere il mio amore tra le braccia di qualcun altro.

Ricordi infranti sul terreno

Voci soffocate da cipigli recessivi

Sussurri, confusione, ma c'est la vie

Adattarsi alla calma realtà.

Oh, la pioggia non finisce mai

E la brezza continua a mandarmi

I suoi messaggi empatici.

In un domani incerto

Il picchiettare delle gocce di pioggia

Mi trafiggerà le orecchie con il silenzio

E le lacrime mi lasceranno freddo come il ghiaccio

Alla fine dell'arcobaleno

Aaccaparramento la mia pentola d'oro.

L'ALBERO

Quanti anni

Quanto tempo, quanti vecchio?

I chirurghi degli alberi meditano

I germogli della conoscenza sbocciano.

Alla ricerca del domani

Al dio di tutta la creazione

Dita angeliche che si protendono

In una motivazione di legno.

Piantando e ripiantando,

Formando un'immagine fedele alla natura

Attraverso il vento e la pioggia

Sono monumentali strutturati.

Se mai Dio ha creato qualcosa che ha bisogno di amore

Deve essere un albero

Perché gli esseri umani hanno solo due braccia

Per desiderare, per toccare, per pregare

Ma gli alberi hanno rami, che crescono dai rami

Inchinandosi al vuoto nel ciclo della vita.

GLI OCCHI DEL PARADISO

Questo era all'inizio

Prima che il tempo saltasse un battito

Molto tempo prima

Che lui entrasse nel mio sonno.

Sono sicura che non ricorderai

Le ultime parole che ha detto

Prima che il prete

Dichiarasse che il mio amore era morto.

Il mio amore parlò di molti angeli
Che stavano venendo per la sua anima
Si allontanò e poi tornò
E alla fine perse il controllo.

Mi inginocchiai al suo fianco
Cercando disperatamente di non piangere
Ma le lacrime traboccarono
Ed è così che mi disse addio:
"Niente più lacrime, niente più lacrime
Dio sta venendo a prendere la mia anima
Vedo le stelle avvicinarsi
Al letto
Brillano e scintillano
Nella mia testa
E il mio sogno
Si sta avverando.
Sono destinato a brillare

E a guidarti.

Esprimi un desiderio su di me

Esprimi un desiderio su di me".

Stasera e ogni sera

Una catena di stelle illumina la mia strada

I loro occhi ringiovaniscono il mio spirito

Mentre la notte si trasforma in giorno.

Il mio amore è una stella in paradiso

Alla deriva tra le braccia dello spazio

E un giorno saremo insieme

In un altro tempo e luogo.

LA FASE FINALE

La luce splende attraverso il volto delle nuvole

Il blu è limpido nei tuoi occhi trasparenti

La pioggia non può offuscare questo abbraccio celeste

Le lacrime non possono macchiare questo volto cristallizzato.

Non sopportare il dolore, non chiudere la tua mente

Le lacrime cadono, lasciandomi cieco

Ma posso sempre attingere da te, dall'amore.

Se per caso il tuo palloncino fosse liberato dalla prigionia

Non incolpare il fato o il destino

Raggiungere la tua bolla potrebbe farla scoppiare

Far scoppiare la tua bolla sarebbe un errore fatale

Perché anche le nuvole sono gelose di coloro che sono incatenati

Sono troppo libere, viaggiano senza regole.

Traccia la fotografia delineata per il bambino

Il destino cerca i miti e i mansueti.

Riempi i volti vuoti con alcune frasi dimenticate

Duplica e poi procedi.

CANZONE
DAL MARE

Allora era facile

Vagare

Senza meta

Senza preoccupazioni

O senza nulla

Che mettesse in discussione la tua esistenza

O rompesse la tua bolla.

Ma poi

sono arrivato io

E tutto intorno a te

Sembrava falso

E ingiusto

E tu hai provato sentimenti diversi

E hai cercato di plasmarmi

In modo che io

Mi adattassi al tuo posto

Ma non doveva essere così

Era troppo difficile

Trovare una strada

Che ci tenesse insieme

Quando entrambi camminavamo

Sul ghiaccio sottile.

Uno poteva andare

Uno poteva restare

Allora era facile

Prima che tu mi lasciassi andare a fondo

Per la terza volta.

IL PITTORE CHE NON SAREBBE MAI STATO

I colori lo chiamavano

A lui

Nella notte

Artritico

Instabile

Vecchio

Incerto

Cercò

Invano

Di creare

Un capolavoro

Per vivere

Dopo che se ne fosse andato

Invece

I mondi si scontrarono

Il mare e il cielo si mescolarono

La signora sorridente pianse

Maldestra

Inciampando

Scivolando sulla

Tavolozza

Colori

Corpo

Uno.

Pennello

Pittore

Uno.

Il sole sorgeva

in pace e serenità

Mentre camminava

verso

Il bordo

della montagna.

Scorriva

dal pennello

Nelle braccia aperte

Del mare

Dove divenne

Il pittore che non sarebbe mai stato.

SPLENDIDO TRAMONTO

Splendido tramonto

Che scende a salutare il mare

Padre celeste

Che si protende verso i liberi

Immagini viventi,

Che afferrano l'eternità

Colori danzanti

Sentieri tortuosi

Che conducono chissà dove

Nuvole vorticose

Bramate dal vento

Diamanti risonanti

Che cantano tutta la notte

Sagome nell'oscurità

Il chiaro di luna nel giardino

Tutti sono reticenti

Calmi e sereni

Questo è il miracolo

Il miracolo della natura.

I momenti passano

I giorni passano

Gli anni passano

E tu continui a sognare la tua vita

Perché devi sognare

Quando la natura ti chiama a giocare?

RAGAZZI CON I GIOCATTOLI

Quando il mondo sta cadendo a pezzi

E tutti cerchiamo una risposta che ci salvi

Ascoltando i ragazzi che minacciano con i loro giocattoli

Giocattoli che potrebbero annientare sia me che te.

Sto in piedi ai piedi del fiume che scorre

Desiderando una voce, una voce di buon senso

Le braccia del vento mi stringono forte

Mentre rabbrividisco davanti all'impotenza dell'uomo.

La storia ha dato al mondo uomini e donne
Leader che hanno usato la penna invece della spada
Grandi scrittori che non avevano paura di parlare
Per mettere nero su bianco ciò che era giusto.

Dickens, Longfellow, Emerson e Thoreau,
Erano uomini di pace che parlavano per tutti
Dove sono i leader, i poeti di oggi?
È a loro che rivolgo questo appello.

Perché i leader del mondo sono in crisi
Temo per il futuro, non per me, ma per mio figlio
Abbiamo bisogno di qualcuno che si alzi e prenda il controllo
Al posto di ragazzi con armi e pistole.

Chi siete, poeti di oggi?
Dove siete, ascoltate le mie grida!

Parlate ora o tacete per sempre

Questo poeta attende con ansia le vostre ripliche.

UNO DI QUEGLI GIORNI

Hai mai avuto una di quelle giornate?

Sai, quelle in cui

non arriva nessuna e-mail

e hai già risposto a tutte quelle di ieri

e vorresti ricevere una lettera

ma la cassetta della posta è vuota

tranne che per un volantino di Pizza Hut

Hai mai avuto una di quelle giornate?

Sai, quei giorni

in cui il passato non vuole andare via

e nemmeno la colazione

il pranzo o la cena

e continui a sperare di essere salvato

ma non sai bene da cosa

Hai mai avuto una di quelle giornate?

Sai, quelle

in cui una gazza sul filo del bucato

ti osserva, come un amico perduto da tempo

Qualcuno che hai incontrato una volta, uno spirito nella tua vita

Che cerca di farti arrivare un messaggio

E ti chiedi chi te l'ha mandato

Hai mai avuto una di quelle giornate?

Sai, quelle

In cui qualcuno ti taglia la strada nel traffico

E vorresti dargli una lezione

Ma poi decidi di non farlo perché la vita è troppo breve

E poi, potrebbe essere qualcuno che conosci

L'inganno si nasconde dietro i vetri oscurati

Hai mai avuto una di quelle giornate?

Sai, quelle in cui

La pagina rimane vuota

E il tuo unico desiderio è riempirla

Ma la tua mente rimane confusa

Oggi è una di quelle giornate

Hai mai avuto una di quelle giornate?

L'ARTE DI ESSERE GENITORI

I bambini sono lo specchio della tua vita.

Quello che sanno, quello che imparano viene da te.

Ti preoccupi delle tue fondamenta, questo ti causa conflitti.

Perché tutto quello che i tuoi genitori ti hanno insegnato è cosa NON fare.

Ricorda che i bambini vivono ogni momento.

Le macchine fotografiche nella loro mente scattano senza sosta.

Per loro la vita è un negozio di caramelle dove trascorrono le giornate

Aprendo involucri e facendo scelte di ogni tipo.

Dio dà ai genitori una tela bianca: un bambino.

Quando dipingi, emerge l'amore incondizionato

Il legame arcobaleno genitoriale: loro con te.

La vita è breve, il tuo tempo è ben speso

Perfezionando l'arte di essere genitore.

VAPOROSO

Il mio amore e il mio miracolo, tutto mio

Come hai cambiato la mia esistenza

La tua vita e la mia vita sono intrecciate

Ogni giorno mostri la tua generosità

Pieno fino all'orlo e pronto a partire

Preme i tuoi pulsanti, questo è il mio desiderio

Per 45 minuti, veloce, più veloce, poi lento

Il vapore sale, su, su, sempre più in alto

Allora sei silenzioso, in tutto il tuo splendore

Ogni giorno ti amo sempre di più.

In tutto il mondo, sei tu quello che preferisco

Non c'è niente come una buona lavastoviglie.

LA MANO GLACIALE DEL TEMPO

La mano glaciale

del tempo

ruba la sabbia

dal mio bambino.

Ora dorme

tranquillo

innocente

sereno

A volte

si gira verso di me

e piange

o geme

di dolore

Nel sonno

mi raggiunge

lo accarezzo

Non ci tocchiamo

Ci uniamo

nello spirito.

Spesso

Mi chiedo

Se lui sappia

Che la

Clessidra

È piena

Del suo

Sangue vitale

E sta

Scendendo

A doppia velocità.

Prego

Che un giorno

Lui torni

A casa

Che un giorno

Potrò stringere

Mio figlio

Per ora

Questa bara di vetro

È tutto ciò che conosce.

CANZONE D'AUTUNNO

Le foglie scricchiolano sotto i miei piedi

Uno schiocco, un crepitio nella mia mente

Salendo, scendendo - le suole baciano il terreno

I ricordi turbinano vorticosamente.

Le foglie erano profumate e muschiose

Le abbiamo ammucchiate fino al cielo - alte come il cielo -

La paglia di una ragazza di città. Abbiamo saltato gridando "Geronimo!"

Erano morbide come neve vergine.

L'autunno ci ha preso tra le sue braccia e ci ha abbracciato con amore.

Stagionalmente. Eravamo bambini dell'autunno.

Ci siamo animati quando le foglie hanno cominciato a cadere

I nostri spiriti hanno decifrato il richiamo di Madre Natura.

Le foglie si stanno raccogliendo sulla mia porta d'ingresso, in attesa

Le mie sorelle e i miei fratelli sono venuti a chiamarmi

Lo spirito dell'autunno mi solleva dalla sedia a rotelle

Balliamo tutti insieme nella fiera autunnale dell'eternità.

IL CERCHIO: UNA TRILOGIA

UN MESSAGGIO AL MIO BAMBINO NON ANCORA NATO

Figlio mio, figlio mio

Protetto dal mondo

Al sicuro nel mio grembo.

Figlio mio, figlio mio

Che non vedi e non conosci

Lo stato di rovina del mondo.

Figlio mio, figlio mio

Tu sei me.

Io sono tua madre.

Figlio mio, figlio mio

Io sono te.

Ti amerò come nessun altro.

Figlio mio, figlio mio

Pace. Prega per la pace.

Il tempo non può guarire tutti i dolori.

Figlio mio, figlio mio

Pace. Prega per la pace.

Tu sei la speranza per tutti i domani.

Figlio mio, figlio mio

Cuore che batte, arti che si formano

Tu sei non ancora nato, l'innocente.

Figlio mio, figlio mio

Tu sei la mia speranza per il futuro

Tu sei il futuro, per tutti.

IL CERCHIO: UNA TRILOGIA

BUONA NOTTE, PICCOLO MIO

Il paradiso non è lontano

È lì che è andato a giocare

Danzando su una nuvola così leggera

Abbagliando tutti mentre spicca il volo

Il piccolo spirito che viveva in me

Ora la sua anima è stata liberata

Il mio grembo è vuoto, lui non c'è più

Eppure io non sono più come prima.

Vedendolo, senza vita, attaccato a me

La fine della vita è appena iniziata.

Arrendendomi, bambino non più mio

In Paradiso, eternamente divino.

IL CERCHIO: UNA TRILOGIA

ANGELI MINUSCOLI

Shhhhhhh.

Ascolta.

Li sento cantare

Ascolta.

Li senti anche tu?

Ascolta.

Le loro voci
Mi riempiono il cuore.

È così pieno
che temo
che possa scoppiare
dentro di me.

Ascolta.
Smetti di fare quello che stai facendo e
ascolta.

Fidati di me.
Lui è lì con loro.
Ascolta
con tutto il tuo cuore e tutta la tua anima.

Ascolta...

Shhhhhhhhhh.

PREGHIERA
PER IL
MATRIMONIO

Quando la foto nella cornice si rompe

E le promesse matrimoniali svaniscono dalla mente

Quando solo i ricordi sono ancora vividi

E le lacrime di infelicità ti accecano

Allora forse devi andartene

Voltare le spalle a tutto ciò che conosci

Forse è giunto il momento, hai provato di tutto

Eppure ti senti ancora un po' vuoto.

Prima di andartene e fare le valigie

PARLA con la persona che ami, tendile la mano

Apri il tuo cuore, la tua anima a lui

E forse potrai risolvere tutto

Troppo spesso ci arrendiamo e andiamo via

Quando pensiamo solo di aver fatto del nostro meglio

Se l'amore c'era, può crescere di nuovo

Anche dopo una breve pausa

Ora, non sto giustificando il rimanere in una relazione violenta

In quel caso devi andare verso altri orizzonti

Ma se pensi che la tua relazione abbia un senso

Allora lascia che sia il tuo cuore a guidarti e tu lo seguirai

Perché il mondo è solitario e freddo

Senza qualcuno con cui condividere

E ricorda che stai invecchiando

E qualcuno proprio accanto a te tiene a te.

Quindi ricomincia, riprendi il romanticismo

Dai nuova vita a una relazione ormai stantia

Non te ne pentirai, fallo per te stesso!

Il vero amore non può mai fallire.

IDEALE DI BELLEZZA

La bellezza non calma mai

Coloro che piangono

La bellezza non riscalda mai

Un freddo addio

Quando il cuore sanguina

L'ego ha bisogno di essere nutrito

E la bellezza non è un alibi

Perché non calma mai

Coloro che piangono

Quando sei innamorato

La bellezza è ovunque

Quando non sei innamorato

L'unica bellezza è nella disperazione.

PADRE E FIGLIO

Il padre insegna al figlio a diventare un uomo

Il figlio insegna al padre a tornare bambino

Insieme camminano mano nella mano

Guardarli è per me qualcosa di grandioso

I due sono magici quando giocano

Guardano Thunderbirds il sabato

Il padre si preoccupa, riuscirà a diventare un uomo?

Il figlio lo idealizza, sicuro che ci riuscirà.

Perché suo figlio lo vede forte e affettuoso

E lo proteggerà da ogni pericolo

Non lo deluderebbe per nulla al mondo

Il padre lo amava già prima della sua nascita

Il padre insegna al figlio a diventare un uomo

È così da sempre, fin dall'inizio dei tempi.

FUGACE

E passerò

Accanto a te come una brezza

E non ti toccherò

Né lascerò traccia

Del mio passaggio

Solo il dolce profumo

Di margherite e trifogli.

NON DIMENTICARMI, BIMBA

Non dimenticarmi, bimba

Del campo dorato

Lascia che cadano

E il messaggio sarà rivelato

Non usare i tuoi petali

Per nascondere le lacrime

Non proteggerti

Dai loro sorrisi beffardi

Perché la tua bellezza è troppo grande

Per essere mai nascosta

Non dimenticarmi, bimba

Del campo dorato.

MANI

Mani

Dobbiamo amare

Le mani

Per stringere

Per raggiungere

Troppo fredde

Per insegnare

Le mani

Che scorrono sulle pagine

Sui corpi

Carezze innocenti

Le mani

Tenute

Promesse infrante

Dita

Ora libere

Scatole

Piene di

Cerchi spezzati

Mani

Dobbiamo amare

Mani

Vuote

Mani

Rugose

Mani

Che si protendono

Mani

Le idee fluiscono

Da queste mani

Sempre amate

Sono le mani

Di un artista.

LUI MI AMA

Lui non mi ama

C'era un fiore

Era fresco e primaverile

Ho colto il fiore

Per vedere se il nostro amore era vero

Ho strappato i suoi petali

E l'ho distrutto

Mentre l'immagine si sviluppava

Nel mio cuore pieno di speranza.

Lì, sull'erba vellutata

Il fiore morto è rimasto

E come la regina di cuori

Ho piovuto.

IGNORANTE

Ti ho perso nel domani

Un ieri non passato

Ho chiuso gli occhi nel dispiacere

E prima che passasse un attimo

L'amore è scomparso, e con esso anche tu

Non avrei mai pensato

Che potesse succedere a una come me

Il minimo che avresti potuto fare

Per dirti un addio come si deve!

HO
MESSO UN
CEROTTO

Ho messo un cerotto sul tuo puzzle

Dopo che i tuoi pezzi si sono sparsi ovunque

Sono stato il tuo salvagente

Quando sei affondato in mare

Ho ricucito il tuo cuore spezzato

In frantumi senza possibilità di riparazione

Ti ho tirato su, sollevato

Dalle profondità della disperazione.

Ora mi nascondo in questa casa sull'albero dell'immaginazione

Alla ricerca di gentilezza e guida

Chiedendo a nessuno, chi mi ricucirà?

Chiedendo all'aria, come può essere?

Ti ho reso la mia missione, la mia buona azione della giornata

Ho portato via tutta la tua tristezza

In cambio mi hai spezzato il cuore in due

Ora mi sento come se indossassi scarpe di cemento

E mi sono perso in un vuoto affollato

Vagando, cercando ciò che non riesco a trovare

Chiedendo a nessuno: chi mi ricomporrà?

Chiedendo all'aria: come può essere?

Chiedendo, senza mai sapere

Perché?

SE
POTESSI...

Se potessi

Tornare indietro nel tempo

Ti renderei mia

Per tutta l'eternità

Tu eri il mio ombrello

In un giorno di pioggia

Quando sorridevi

Tutti i miei problemi svanivano

Vivevo e respiravo

Per te.

Mi sussurravi le tue dolci parole

D'amore nel mio cuore

E io diventavo forte

E speciale

E libera

Tutto perché

Tu mi amavi

E il sole splendeva

Quando sono diventato un tutt'uno con te.

Ma come una melodia

Il tuo amore

Svanì

E tutto ciò che rimase

Fu la costante ripetizione

Di una canzone che continua a suonare

Ancora e ancora

E non mi lascia andare

Dalla mente.

Se potessi tornare indietro

Con le lancette dell'orologio

Ti renderei mia

Per tutta l'eternità

Per tutta l'

Eternità.

SPECCHIETTO, SPECCHIETTO

Specchio specchio

Sulla parete

Mi prenderai

Se cadrò?

Specchio specchio

Cosa farai

Se i pezzi si frantumeranno

E l'oscurità ti avvolgerà?

Specchio specchio

Sulla parete

Puoi dirmi perché

Il mio riflesso è così piccolo?

GRINDER DI ORGAN

Strisciando lungo

Il corridoio tetro

Viola putrido

Verde raccapricciante

Sentendo il fetore

Di carne morta in decomposizione

Carne umana

Morente

Oscena.

Vedendo la vecchia

A cavalcioni sulla padella

Il giovane morto

Ma che respira

A ritmo

Con il suono

Del gocciolio.

E attraverso la finestra

Della nave dell'amore

Un uomo viene massacrato

Mentre una scimmia

Gli salta sulla schiena

E qualcuno

Vestito di bianco

Getta una sola moneta

Nel suo cappello.

RIFLESSIONI IN UNA POZZANGHERA DI FANGO...

Occhi verde nocciola

Sguardo narcisistico

Di un palazzo sottomarino

Pensieroso

Eppure vuoto

Che parla a volumi

Di sé

A sé stesso

Il riflesso

Non assomiglia del tutto

A chi lo guarda.

Nel profondo

Delle acque torbide

Protetto da

Difetti, dolore

E ricordi

Trasformando

Il selciato liquido

In una smorfia

Che riflette un sorriso.

INCATENATI INSIEME

L'acqua cade

Dalla mia bocca

Nel tuo secchio

Petali di rosa

Sono già

Stati setacciati

Processo di fusione

Divisione necessaria

Ragioni

Lo stesso

Installazione della paura

Arriva prima di

La ricezione

del siero della verità

I riti battesimali

Sembrano finalmente rilevanti

Ma la voce che allontana

Combinazione

Unisce e poi divide

Separazione inevitabile

Sembra che siamo stati

incatenati

Insieme qui

Per una vita intera

Ma hai appena pronunciato il tuo nome

Ti sento

Urlare

Nella notte

Ma non riesco a raggiungerti

L'abisso è

troppo grande.

SEGNO DEI TEMPI

Qualcosa mi sta facendo impazzire

Mi sta portando fuori strada

Qualcosa che è così insopportabile

Che potrei anche rinunciare a questo amico.

Vedete, sta sempre a blaterare

blaterando, 24 ore su 24, 7 giorni su 7

Non importa se siamo da soli

o se stiamo facendo la spesa al 7-11.

Ovunque andiamo, succede

E la sua attenzione viene distolta da me

Se ne va in un altro mondo

E io sono con lui, eppure mi sento sola.

Continuo a voler dire: "È finita".

Non posso, non lo sopporterò più.

Devi scegliere, chi sarà?

Sarei io a uscire dalla porta.

Vedi, io sono un mostro dagli occhi verdi.

Una stronza gelosa che merita di stare da sola.

So che quando vengo battuto, non posso competere

con lo squillo il suo cellulare.

LA RISPOSTA

Indossi una maschera

Per tutto il tempo

Non riesco a vederti

Il travestimento non è un crimine

Il mio cuore solitario

Continua a dirmi

Che tu potresti essere

La risposta.

Indossi una maschera

Nera e blu

Ti sei perso

In una tinta di Halloween

Aspetto

In attesa

Non riesci a vedere

Che potresti essere

La risposta.

Se ti chiedessi

Di rimuoverlo

Di mostrarmi

Chi c'è dietro?

Rideresti?

E mi prenderesti in giro

Sapendo che

Devo essere solo?

Sono davanti a te

Volendo conoscerti

Ancora non riesci a vedere

Che potresti essere

La risposta.

MORTE DI UN FIOCCO DI NEVE

Il fiocco di neve si è trasformato in una lacrima

Morì all'istante

Non ha mai emesso un suono.

Cadono dal cielo

A forma di stelle

E non possono sopravvivere

Quando il sole prende vita.

Acqua, acqua ovunque

Li calpestiamo senza curarci di loro

Nulla era e nulla sarà

Non piangere per il tuo destino perduto.

IL PASSATO

Volando come un avvoltoio

Sopra la mia spalla

Sorride beffardo

Senza sosta

Piombando

Quando necessario

Spesso

Sembrando essere

Un amico

Vulnerabile

Io sono

Tu sei

Un nemico

Smettila di nasconderti

Non sono pronto

Lasciami stare

Mi trascini

Giù

Lascia andare

Il passato.

TACTICO

Splendida alba

Nel mio cuore

Spettro di colori

Arte magnifica

La mia mente riposa

Sulla tua spalla

Occhi marroni su blu

Tutto ciò che sono

Sono, per te.

LA SIGNORA DELL'ANGURIA

Una volta ero un uccello

Una volta

Ma non mi piaceva la libertà

Quando ho visto quanto lontano

Potevo volare

Senza stancarmi

Su un sedile di un aereo

Ho desiderato essere una

Persona

Sembravano

Forti e logici

E ammiravo il modo in cui

Cercavano

Di migliorare

Mentre io giravo in tondo

Trasportata dalle raffiche

E guardavo i miei piccoli

Morire di fame

In primavera.

Ed è così che

sono diventata

signora dell'anguria

Piantando e seminando

Raccogliendo e vendendo

Dormendo

Metà della giornata

Lavorando per una miseria

E guardando i miei figli
Morire di fame tutto l'anno.

Una volta ero un uccello

E

non mi piaceva

La libertà

E ora è questo

Che voglio essere

Invece di una

Venditrice di angurie.

Sì, una volta ero un uccello

Ma

non mi piaceva

la libertà.

L'erba del vicino è sempre più verde
L'erba del vicino è sempre più verde
È quello che dicono sempre

Preferisco essere di nuovo un uccello

Invece di essere signora dell'anguria.

SENZA CUORE

Per prenderti

nel

palmo

della mia

mano e lasciare che il tuo

cuore

scivoli tra le mie

dita come

sabbia

mescolandosi con

le altre abominazioni

sulla spiaggia.

Per metterti

in una

busta postale,

sigillarla e

poi spedirti

in qualche

paese devastato dalla guerra

in contrassegno

senza indirizzo del mittente.

Per metterti

In mostra

In una teca

Di vetro

E far pagare

Per ogni visita

Mentre tutti

Ti colpiscono

Con dei bastoni.

Poi ti

Salverei

Catturando il tuo cuore

Solo per

Schiacciarlo di nuovo.

PASAGGIO-
SOPRA

Come un foglio di carta che brucia nel fuoco

Come l'odio che si trasforma in desiderio

Come un fiume senza motivo per dire la verità

Ho perso la mia giovinezza.

Ora sono vecchio e grigio

La mia bellezza è svanita

E molti sogni sono andati perduti

Tutto a caro prezzo.

Ora esco nel mio giardino

Mentre una valle di violette mi chiama

Il loro profumo mi guida

La natura e io non siamo mai stati così forti.

Guardando a occhio nudo verso il cielo

Vedo un arcobaleno che si snoda

Tutto intorno gocce di pioggia cantano

L'erba smeraldina luccica.

La mia anima anela senza rimpianti

Verso il cielo come l'acciaio verso una calamita

Sembra che fontane sussurranti

Accompagnino il mio viaggio: sogni d'oro.

PORTATO VIA TROPPO PRESTO

(SCRITTO DOPO AVER APPRESO LA NOTIZIA DELL'OMICIDIO DI JOHN LENNON)

E quando non riuscivo più a stare in piedi

LE TUE GAMBE sono diventate mie.

E quando non riuscivo più a piangere

LE TUE LACRIME sono diventate mie.

E quando non riuscivo più a trovare me stesso

LA TUA IDENTITÀ è diventata mia.

E quando non riuscivo più a credere

IL TUO SCOPO è diventato mio.

E quando non riuscivo più a parlare

LE TUE PAROLE sono diventate mie.

E quando non riuscivo più a vivere

La tua morte È DIVENTATA MIA.

SUSSURRO

Sussurro, sussurro, sto sussurrando

Questo segreto è solo mio, solo mio

Solo io posso far cantare il mio cuore

Non importa quale gentilezza tu porti

Il mio spirito cerca un segno diverso.

Sussurro, sussurro, sto sussurrando

A volte una lezione è straziante

A volte sei costretto a rigare dritto

Solo io posso far cantare il mio cuore

Incatenato dal tuo anello d'oro

Nella tua zona di comfort ti rilassi

Sussurra, sussurra, sto sussurrando

La mia anima vuole librarsi su ali dorate

Lassù il mondo sarà mio

Solo io posso far cantare il mio cuore

Eppure non rivelo nulla

Perché l'ignoto può essere sublime

Sussurra, sussurra, sto sussurrando

Solo io posso far cantare il mio cuore.

SCARAMOUCHE

La sua immagine

Priva di sostanza

È incorniciata

Da schegge inutili

Provenienti dalla sua anima.

Frammenti

Un tempo sanguinanti

A causa di una lotta

Ora vengono offerti liberamente

Riflettendo

Il disprezzo di sé.

CORO

Non permettiamo

Al vento

Di spazzarlo via

Ricostruiamo

Dove la realtà ha

Aperto le cateratte

Rendiamolo

Di nuovo integro

Diamo

A lui uno scopo.

Scaramouche, viene rivelato

La verità non può essere nascosta.

CORO

Non permettiamo

Al vento

Di spazzarlo via

Ricostruiamo

Dove la realtà ha

Aperto le porte

Rendiamolo

Di nuovo integro

Diamo

A lui uno scopo.

PERCORSO
A PIEDI

Camminando lungo il sentiero

Verso il Taj Mahal

La società stava piantando alberi

Preparandosi per una caduta.

Le cappelle aprivano le braccia

Al nuovo mondo in preghiera

Cercavano la parola

Da un indovino indovino.

Poi gli specchi guardavano gli occhi

Che erano troppo ciechi per vedere

La nascita e l'origine

Della creatività.

Oggi, un pittore dipinge una cascata

E nessuno gli chiede perché

Perché capiamo che è tutto

Per uno spirito nel cielo.

È il nuovo millennio

Dove le traduzioni sono gratuite

Condividiamo le nostre vite online

Creando un senso di falsa comunità.

Siamo tutti cittadini nati

Sulle ali di una colomba

La risposta è sempre stata nostra

In una parola, è amore.

BARRIERA

Barriera che separa

Muri che respirano

Gocce di formaldeide

Avvelenano le menti

Con frammenti e pezzi

Salvatore

Kaiser

Di tutti i panini

Barriera che divide.

Sciogli l'aria

Con parole

Di incoraggiamento

Le nuvole a fungo

Non sono per il consumo umano

Perché sfondare

Quando puoi

Crollare?

Riflessioni di una

Prostituta tormentata

Leggendo un passo biblico

Esaminando i giorni rimanenti

Della sua vita

Sfruttatore di prostitute

Dell'universo

Le parole prendono il volo

Come un pipistrello nella valle

Della morte

Sbattendo le ali

Intrappolato da un

Malinteso

Travisamento

Sciogli l'aria, sciogli.

Barriera

Separare

Sciogliere con

Parole di incoraggiamento

Dividere uno

Uno nello stesso.

Vago

Da un pensiero all'altro

Non importa

Nessuno lo sa

E il tempo è infinito

Eppure scivola via

E nulla viene fatto

E i ricordi mi incatenano

In questa futilità

Ancora di più.

Qualcuno sta urlando

(o sono io?)

Digli di stare zitto

(perché sto urlando?)

Un uccello sta cantando

Sulla mia finestra

Concentro tutta l'energia della mia vita

Su di esso

E quando vola via

Così se ne va il mio spirito

Nel blu infinito

Che una volta

Davo per scontato.

PICCOLA INCOMPRENSIONE

Gettando al vento ogni cautela

Il giovane estrasse la pistola

L'uomo dietro il bancone tremò

Il ragazzo promise che non avrebbe fatto del male a nessuno.

Il bambino fuggì in strada

Come una nuvola solitaria nel cielo

Non aveva mai provato l'agonia della sconfitta

Ora sentiva il suono delle sirene

Perché un poliziotto appena fuori servizio

Lo uccise per legittima difesa

Stroncando il problema sul nascere, con coraggio

Un'altra morte nel mare della violenza

Il suo distintivo brillava al sole

Il ragazzo non aveva polso

Con cautela, il cavaliere sollevò la pistola

Era solo un giocattolo per bambini.

MACBETH

Quando scendi dalla tua montagna

Al mio computer in riva al mare

Sarò un elaboratore di dati; numeri.

Ascolta la mia tastiera

Che blocca la realtà

Musica di clic e clac

Non c'è bisogno di identità

Odiavi il tuo capo

Hai colto l'attimo

Hai iniziato un ammutinamento

Ora siedi

Sul suo trono

Inviando GIC

Ai poveri che vengono pagati

Per timbrare puntualmente

In riva al mare

Andrai a caccia

Di cosa

Non lo so

Ma quando lo troverai

Sai dove mi troverai

Un elaboratore di dati

In riva al mare.

FORSE

Forse

La sinfonia

Suona

troppo forte

Le lacrime

Si formano

Nei miei occhi

Sento

Un coro che canta

Nella mia mente

Ci sono parole
che vengono cantate
Ma le parole
non sono ancora
state scritte

Forse
la mia immaginazione
mi sta giocando
di nuovo
uno scherzo

Tu mi stai
cantando una serenata
Con una
sinfonia
Non ci sono parole

Eppure

le parole

Riecheggiano

Nella mia mente.

SIFONE

Un prete solleverà il colletto

Per nascondersi da ciò che esiste

Un rasoio nel freddo taglierà

Per prosciugare i polsi sanguinanti

Una tigre balzerà sul cuore

Sbranando il samaritano

Nessuno ha detto che andava bene

Nessuno mi ha detto che tu lo eri

Ma tu eri dannatamente bravo

Di questo sono perfettamente sicuro

Ora voli nello spazio

Respirando sul vetro

Il gelo paralizza il tuo viso

Il cervello amputa il passato

Dillo al mondo intero

Perché vogliono sapere

Dì loro come hai venduto la tua anima

Per il veleno in un ago.

SENZA RISPOSTA

Ti ho scritto

Perché il sole splendeva

In questa mente piovosa

Ogni volta che ricordavo il tuo sorriso.

Ti ho scritto

Perché mi mancavi

Mi mancava la tua risata

E soprattutto il tuo tocco delicato.

Ti ho scritto

Perché tu tenevi il mio cuore

Nel palmo della tua mano

E io credevo

Che non importava quanto fossimo lontani

Tu saresti sempre stato qui con me

E io con te.

Ti ho scritto

Chiedendoti l'eternità

Ma era già finita

E le lettere si sono sciolte prima che potessi spedirle

Non ti ho mai scritto.

FARFALLA

Farfalla monarca

Si libra nell'aria

Si ferma un attimo

Poi si alza senza preoccupazioni.

I suoi colori scorrono liberamente

Come vernice su una tela

Le sue ali abbracciano il cielo

In una serenità disinvolta:

Bellezza in movimento.

Danzando su un fiore

Con estrema delicatezza

Inconsciamente ostenta

La sua superiorità

Svolazzando come una ballerina

Si libra verso il cielo

Desidero ardentemente essere libero come

La farfalla monarca.

EVOLUZIONE

Fiocchi di neve che svolazzano nella grondaia

Sussurrando messaggi ai viaggiatori sottostanti

Pettini sempreverdi spazzano via i fiocchi

Coprendo la terra con una coltre di neve

Era una serata tranquilla alla fine di dicembre

Un momento che preferirei non ricordare

Quando gli angeli caddero proprio su questa terra

Inviati dal maestro per determinare il nostro valore

Immagini purificatrici riflesse nella piscina

Hanno nutrito e vestito ogni singolo sciocco

Abbiamo ballato fino a quando tutte le stelle sono scese

E gli alberi hanno ereditato una corona d'oro

Il tempo volò e altri sogni furono tessuti

Gli angeli dipinsero sorrisi su tutti

Finché tutto il valore non brillò e fu luminoso

Con il potere di una luce celeste

Cantammo ad alta voce, una chiesa, una canzone

E i non credenti si unirono per renderci forti

Quando il Signore raccolse le anime, alcune non furono chiamate

Erano nate nella natura e un nuovo mondo si evolse.

IL MONDO IN SESSANTA SECONDI

(A SECONDA DI QUANTO VELOCEMENTE LEGGI!)

Piede nella bocca

Lingua nella scarpa

Satellite

Anche la TV

Harry Potter

Bentornato Kotter

Intrappolato in un loop temporale

Nessun posto dove andare

Guardando un incontro mortale

Colpo su colpo

Musica da ascensore

Drogati fatti di crack

Rolling Stones

Kate Moss

Inchiodando Brian

Sulla croce

Treni che si scontrano

Computer che si bloccano

Alta tecnologia

Star Trek

Respirazione bocca a bocca

Discriminazione totale

Giudice Judy

Vivere per lavorare

Tutti Fruity

Lavorare per vivere

Troppo ciechi per vedere

Bisogna vedere per credere

Cristianesimo rap

Svelare la verginità

Teletubbies informati

Lutto per lo show di Seinfeld

Fiori Fiori

Kensington Park

Giovanna d'Arco

Labbra che bruciano

Denti che sorridono

Bambini nati

Liberi dal peccato

Strato di ozono

Uccisore di draghi

T-Rex

Stesso sesso

Il sesso vende

Parlare al cellulare

Battere le ali

Volare nei cieli

Cavalcare le onde

Patatine fritte di Mickey D's

Wal-mart

Cuore a cuore

Camminare sulla luna

Mostrare il sedere agli sconosciuti

Fuori dalla padella

Anche corso

La ballerina balla

Vestita in modo libero

Nessuno sembra notarlo

Tranne l'imperatore e me.

GOSPELAMER

Il ragno strisciò verso

Il cielo azzurro polvere

Girando in una ragnatela nuvolosa

Che ci sono voluti anni per completare

Quando era quasi arrivato a destinazione

Il vecchio ragno grigio

Senza riflettere sulla situazione

Cercò di allargare la ragnatela

Girando troppo incautamente

Per uno nella sua età d'oro

L'angelo chiamato immortalità

Prese nota della sua pagina

Alla ragnatela era incatenato

Il destino minacciava il suo capolavoro

Poi, per miracolo, piovve

E lui scivolò verso la sua liberazione

Piovve per quaranta giorni e quaranta notti

Sembrava che non ci fosse traccia o segno

Solo un vecchio ragno dai capelli grigi

Che si faceva strada verso l'Arca di Noè.

INFORMAZIONI SU CATHY

Cathy McGough è un'autrice canadese che scrive libri per bambini, romanzi per ragazzi, narrativa letteraria, thriller psicologici, poesie, racconti brevi e saggistica. Vive e scrive in Ontario, Canada, con la sua famiglia.

ANCHE DI

FICTION

INTERVISTE A SCRITTORI LEGGENDARI DELL'ALDILÀ
(2° POSTO MIGLIOR RIFERIMENTO LETTERARIO 2016
METAMORPH PUBLISHING)

IL BAMBINO DI TUTTI

13 STORIE BREVI

IL SEGRETO DI RIBBY

GIOVANI ADULTI

UNO STATO DI GRACE MATEMATICO LIBRO 1 E 2 SERIE
COMPLETA

E-Z DICKENS SUPEREROE LIBRI 1 E 2

E-Z DICKENS SUPEREROE LIBRO 3

E-Z DICKENS SUPEREROE LIBRO 4

LIBRI PER BAMBINI

SALTO E CANTARE DA-DO-DO-DO LIBRO 1

SALTA E DI' C'È UN EWWW NEL MIO STUFATO! LIBRO 2